Karsten Demant

# *Exzerpt von Cicero's drei Bücher Von den Pflichten von Dr. Raphael Kühner*

Karsten Demant

# Exzerpt
# von
# Cicero's drei Bücher
# Von den Pflichten

von

## Dr. Raphael Kühner

# Impressum

Bibliografische Information der Deutschen Nationalbibliothek: Die Deutsche Nationalbibliothek verzeichnet diese Publikation in der Deutschen Nationalbibliografie; detaillierte bibliografische Daten sind im Internet über dnb.dnb.de abrufbar.

© 2021 Karsten Demant

Herstellung und Verlag: BoD – Books on Demand, Norderstedt

ISBN: 9783753407524

# Inhaltsverzeichnis

# 1. Bibliografische Quelle des Exzerpts
**Ciceros drei Bücher Von den Pflichten Übersetzt und erklärt von Dr. Raphael Kühner, Krais & Hoffmann, Stuttgart 1859**

## 2. Vorwort
Dem aufmerksamen Leser wird sofort ins Auge gefallen sein, dass einige Punkte fehlen. Hier handelt es sich meist um Erzählungen, die sich vom inhaltlichen Sinn nicht groß unterscheiden zu den exzerpierten Punkten. Dieses Exzerpt hat daher nicht den Anspruch auf Vollständigkeit der ausgearbeiteten Literatur. Es soll lediglich nur, was dem Verfasser als wichtig und interessant erschien, in stark komprimierter Form zum schnelleren erfassen, für den Lernenden und interessierten Leser wiedergegeben werden.

## 3. Einleitung
Marcus Tullius Cicero, geb. 3.1.106 v. u. Z. in Arpinum (Italien) ermordet am 7.12.43 v. u. Z. bei Formiae (Italien). Er war ein republikanisch gesinnter Politiker und der bedeutendste römische Redner und Schriftsteller seiner Zeit. Cicero studierte in Athen und Rhodos Philosophie und Rhetorik. Zu einem hohen Ansehen gelangte er durch seine Reden in Prozessen. Er wurde 69 v. u. Z. Ädil (hoher altrömischer Beamter), 66 v. u. Z. Prätor (höchster Justizbeamter im antiken Rom) und 63 v. u. Z. Konsul (oberster Beamter der römischen Republik). Da er in dieser Zeit die Verschwörung des Lucius Sergius Catilina entlarvte, wurde Cicero 58 v. u. Z. verbannt. Dies veranlasste ihn zur Optimatenpartei (Sammlung der Vertreter des konservativen Adels und Befürworter des Senats) überzugehen und wurde zum Ideologen der aristokratisch-republikanischen Staatsform. Cicero hatte Marcus Antonius (römischer Politiker und Feldheer) in seinen 14 Philippischen Reden scharf angegriffen, so das dieser ihn auf die Ächtungsliste setzte, wo alle politischen Gegner vermerkt worden. Cicero soll flüchtend ermordet worden sein.

## 4. Grundbegriffe

Die Tugend ist das höchste Gut, das Laster das höchste Übel. Andere Dinge seien gleichgültig und tragen nicht zum glücklichen und unglücklichen Leben bei.

Stoiker teilten die Moralphilosophie in 3 Teile.

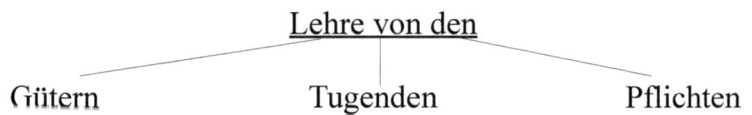

Lehre von den

Gütern         Tugenden         Pflichten

Unter einem <u>Gut</u> ist das zu verstehen, was durch die Kraft der Tugend und der moralischen Kraft des Menschen erzeugt wird.
Vereinigt man alle Güter, die durch die Tugend erzeugt werden, spricht man von dem höchsten Gut.
Die <u>Tugend</u> ist die gleichmäßige und beständige Kraft der Seele, durch die das Gut erzeugt wird.
Die <u>Pflicht</u> ist die Regel, wonach sich die Tugend richtet und daraus das Gut erzeugt.

Wie wird die Pflicht von den Stoikern bestimmt?
Das, was man getan hat und die existierenden Zusammenhänge im Leben auch als richtig ansieht, als eine vernünftige Rechtfertigung.

Bei ihnen gibt es eine doppelte Pflicht

Vollkommene               Mittlere/gewöhnliche
(Nur den Weisen)        (diese gehören den Nichtweisen)

Vollkommene Pflichten sind Handlungen, die alle Bestandteile der Tugenden in sich tragen und mit voller Kraft ausgeführt werden. Nur der Weise führt seine Handlungen rasch und ohne Anstrengung aus einem inneren Drang heraus aus. Der Nichtweise tut dies mit Mühe und Anstrengung, die durch die äußeren Zustände veranlasst werden.

Deshalb unterscheidet er sich zu den Weisen im Bezug auf sittlicher Kraft. Die Stoiker teilen ihre Lehre von den Pflichten in vier Kardinaltugenden ein. Klugheit, Tapferkeit, Gerechtigkeit, Mäßigkeit. In jeder den Pflichten ansprechenden Tat müssen alle Tugenden vereinigt sein, auch wenn nur eine von diesen die Sache oder die Handlung einschließt.

Bsp.:   In einer gerechten Handlung tritt zwar die Gerechtigkeit hervor, kann aber nicht als Gerechtigkeit allein gedacht werden, sondern als Summe aller.

## 5. Gegenstand des Buches
Hier geht es nicht um das höchste Gut, woraus die vollkommenen Pflichten abgeleitet werden, sondern um die mittleren bzw. gewöhnlichen Pflichten, die auf Vorschriften beruhen und sich auf das gewöhnliche Leben beziehen. Das heißt konkret auf die Leute, die im gewöhnlichen Leben rechtschaffene Menschen darstellen.

## 6. Gedanklicher Ablauf
Der Mensch erzeugt durch die Kraft der Tugend (moralisch-sittliche Kraft) ein Gut. Die Summe aller Güter wird demzufolge ebenfalls erschaffen durch die Tugend, welches das höchstes Gut darstellt. Die Tugend ist die Kraft der Seele, die letztendlich dieses Gut erzeugt. Die Pflicht ist die Regel, wonach die Tugend sich richtet und daraus das Gut hervorgeht. Klugheit, Tapferkeit, Gerechtigkeit und Mäßigkeit sind die Kardinaltugenden. Eine Handlung, auch wenn sie als eine Handlung der Gerechtigkeit erscheint, kann nur die Summe aller Kardinaltugenden sein, d. h., eine Handlung ist immer die Summe der Kardinaltugenden. Unterscheide die doppelte Pflicht zwischen vollkommene (allein der Weise führt seine Handlung aus inneren Drang, rasch und ohne Mühe aus) und mittlere/gewöhnliche Pflicht (Der Nichtweise tut dies aufgrund der äußeren Zustände mit Mühe und Anstrengung).

## 7. Erstes Buch (S. 36-126)

Die Lehren und Vorschriften über die Pflichten, die die Philosophen abgehandelt haben, geben die weiteste Anwendung. Es gibt kein Lebensverhältnis, wo man sich der Pflicht entledigen könne. Das höchste Gut stellt die Gemeinsamkeit der Tugenden dar und dient der Sittlichkeit und nicht dem eigenen Vorteil. Cicero stützt sich in seiner Untersuchung auf die Stoiker, welches er als Quelle für seine Urteile ansieht.

## 7. Begriffsbestimmung

### Pflicht zerfällt in zwei Teile

Höchstes Gut                    Vorschriften

…nach denen das Handeln in allen Verhältnissen des Lebens eingerichtet werden kann.

Höchstes Gut  = sind alle Pflichten vollkommen?
        = ist die eine wichtiger als die andere?

Vorschriften  = Hier werden Vorschriften über die Pflichten erteilt.

## 8.
Es gibt noch eine weitere Einteilung der Pflicht. Vollkommene Pflicht und die mittlere Pflicht. Vollkommene Pflicht ist das, was Recht ist, mittlere Pflicht ist das, wovon man einen vernünftigen Grund angeben kann, warum es geschehen sei.

## 9.
Überlegungen, die man bei einem Entschluss anwendet.
1. Ist sie sittlich gut oder schlecht
2. Frage nach der Nützlichkeit (gutes Leben, Einfluss und Macht, bringt es meiner Familie Vorteile)
3. Wenn man sich zwischen Sittlichkeit und Nützlichkeit hin- und hergezogen fühlt.

10. Cicero meint, dass man diese nicht nur in 3 Teile einteilen kann, sondern eigentlich in 5 Teile. Den bei der Überlegung, wenn zwei sittlich gute Handlungen vorliegen, sich zu entscheiden, welche nun die bessere sei, würde sich dies auch auf die nützlichen Handlungen beziehen.

11. Seitdem es das lebendige Geschöpf gibt, hat es den Trieb, sich zu erhalten und alles Schädliche zu vermeiden. Es wird alles beschafft, was zum Leben notwendig ist (Nahrung, Aufenthaltsort usw.). Eine gemeinsame Eigenschaft ist der Trieb nach Verbindung, um sich fortzupflanzen und die Sorge um die nächste Generation. Der Unterschied zum Tier ist, dass der Mensch durch die Vernunft in der Lage ist, Dinge zu vergleichen, zu durchschauen, zu erkennen und daraus Folgerungen zu schließen.

12. Deshalb ist der Mensch auch bestrebt, etwas mitzuteilen und seine Gedanken über die Rede anderen mitzuteilen. Ein Streben, das zu einer bequemen Lebenseinrichtung dienliche herbeizuschaffen und das nicht nur für sich alleine, sondern für alle. Eine Verpflichtung zur Erhaltung aller. Diese Sorge reizt die Gemüter und kräftigt zum Handeln.

13. Ganz besonders hat dem Menschen die Erforschung der Wahrheit angetan. Es ist die unbedingte Erkenntnis des Verborgenen, des Wunderbaren oder der Zusammenhang der Dinge. Dies ist ein notwendiger Bestandteil des glücklichen Lebens. Dieser Trieb nach Wahrheit schließt aber auch ein gewisses Streben nach Herrschaft ein. Der gebildete Geist will niemanden gehorchen außer demjenigen, der ihm zu seinem Besten lehrt, Recht und Gesetze erteilt.

14. Darin zeigt sich eine Kraft der vernünftigen Natur, dass man einsicht, dass Ordnung, Anstand und das richtige Maß in Handlungen und Reden für den Menschen gut ist. Dass durch Beobachtung die Gedanken und Handlungen für Schönheit, Gleichmäßigkeit und

Ordnung notwendig sind und man sich vor ungeziemenden schlechten Handlungen im Tun und Denken hüten sollte. Dies sind die Bestandteile, wo das sittlich Gute zusammengesetzt und gebildet wird. Alles sittlich Gute entspringt aus einer der vier Quellen. Gemeint sind hier die vier Kardinaltugenden.

- Erkenntnis der Wahrheit, geistige Gewandtheit.
- Dem Streben, einem jedem das ihm Gebührende zu erteilen.
- Die treue Erfüllung eingegangener Verträge.
- Größe und Stärke eines erhabenen und unüberwindlichen Geistes.
- Ordnung in einem Maße aller Handlungen und Reden, worauf die Mäßigung und Besonnenheit beruht.

15. Tugenden sind zwar untereinander verbunden, aber aus jeder Einzelnen erwächst eine bestimmte Art von Pflicht.
Bsp.: Weisheit und Klugheit, hier entspringt die Erforschung und Auffindung der Wahrheit, welches die eigentümliche Aufgabe dieser Tugend ist.

16. Um so besser man Dinge erkennt, welche die meiste Wahrheit beinhalten und je scharfsinniger und schneller man den Grund erkennt, desto klüger und weiser ist es, diese mit Recht zu halten.

17. Den übrigen 3 Tugenden sind als Gegenstand ihrer Tätigkeit die Bedürfnisse des Lebens auf gegeben. Sie beschaffen die Dinge, die man zum Leben braucht, um die Gesellschaft und das miteinander zu bewahren, wo eine äußere Handlung von Nöten ist und nicht allein die Geistigkeit.

18. Wenn wir bei den Geschäften Maß und Ordnung anwenden, so bewahrt man Sittlichkeit und Anstand. Was die Erkenntnis der Wahrheit betrifft, so fühlt sich der Mensch nach Erkenntnis und Wissenschaft hingezogen. Bei dieser Tugend muss man zwei Fehler

vermeiden.

1. Dass wir nicht Unerkanntes für Erkanntes halten und ihm ohne Grund beipflichten. Diesen Fehler macht man nicht, wenn man Zeit und Sorgfalt zu den genauen Betrachtungen der Dinge anwendet.

19. 2. Man sollte kein allzu großes Streben und allzu viel Bemühungen auf nicht notwendige Objekte verwenden. Sondern seine Mühe und Sorgfalt auf das sittlich Gute und den wissenswürdigen Gegenständen widmen. Die Wissenschaften beschäftigen sich mit der Erforschung der Wahrheit. Geistigkeit ruht nie. Das ganze Denken und jede geistige Tätigkeit muss sittlich gut und sich auf ein tugendhaftes und glückliches Leben beziehen oder eine Beschäftigung mit der Wissenschaft und der Erkenntnis zum Gegenstand haben. Dies zu der ersten Quelle der Pflichten der Klugheit.

20. Die Gerechtigkeit ist die Tugend im höchsten Glanz. Die Wohltätigkeit ist die Güte oder Freigiebigkeit. Die Aufgaben der Gerechtigkeit sind: Niemandem Schaden zufügen, außer wenn man durch ein erlittenes Unrecht gereizt worden ist. Das Gemeingut bleibt Gemeingut und das Eigentum ist das Seinige, was er benutzt.

21. In der Natur gibt es kein Sondereigentum, sondern nur Eigentum durch Besitznahme. Eine Besitznahme ist der Einzug in herrenlose Gegenden, durch Sieg bei Kriegseroberungen, durch gesetzliche Bestimmungen, Verträge und Verlosung. Da man auf diese Weise zum Besitz von Eigentum kommt, soll man sich auch mit dem Begnügen, was dem betreffenden aus dem Bestand des Gemeingutes zugefallen ist.

22. Durch ein Geben und Empfangen das Band der menschlichen Gesellschaft festigen.

23. Es gibt zwei Arten der Ungerechtigkeit. Einmal diejenigen, die einem Unrecht zufügen und jene, die das Unrecht nicht abwehren. Wer sich dem Unrechte, wenn er kann, nicht widersetzt, ist ebenso in Schuld.

24. Das Unrecht, welches bewusst einem anderen zugefügt worden ist, hat seine Quelle oft in der Besorgnis, wenn er es nicht tut, selbst in einen Nachteil zu kommen. Meistenteils schreitet man zur Untat, um das zu erlangen, wonach man trachtet. Hier ist die Habsucht die weitverbreitetste Form.

25. Eine krankhafte Sucht nach Reichtum, um sich die notwendigen Lebensbedürfnisse zu verschaffen. Diejenigen, die noch höher Streben haben bei der Begierde von Geld die Absicht, persönlichen Einfluss zu gewinnen, um dann solche Mittel zu besitzen, damit sie andere für sich verbindlich machen können. Allerdings ist einer Vergrößerung von Vermögen nichts einzuwenden, wenn niemand zu schaden kommt, das heißt, wenn man stets das Unrecht meidet.

26. Viele vergessen allerdings die Gerechtigkeit, wenn sich ihre Begierde nach hohen Kriegs- oder Staatsämtern oder nach Ruhm erstreckt. Es ist eine betrübende Erscheinung, dass bei Menschen mit Geist und klugen Köpfen die Begierde nach Ehre, Herrschaft, Macht und Ruhm entsteht.

27. Es ist ein großer Unterschied, ob Ungerechtigkeit in einer Leidenschaft, die in einer plötzlichen Gemütsbewegung von geringerer Bedeutung ist oder durch überlegtes und vorbereitetes Handeln eingegangen wird.

28. Eine zweite Art des Unrechts ist, dass man die Verteidigung anderer unterlässt und dadurch seine Pflicht versäumt.
Ursachen:     Man will sich keiner Feindschaft, Mühen und Kosten

unterziehen, oder man lässt sich von seiner Lieblingsbeschäftigung abhalten, so das man dadurch jene im Stich lässt, die man schützen sollte.

Staatsämter sollte man aus freiem Willen übernehmen, denn nur eine gute Handlung ist nur insofern gerecht, als sie freiwillig geschieht.

29. Es gibt auch Menschen, die erklären, dass Sie sich nur um ihre eigenen Angelegenheiten kümmern, um den Verdacht irgendeiner Ungerechtigkeit gegen andere zu vermeiden. Dadurch werden sie Abtrünnige der menschlichen Gesellschaft, weil sie nichts von ihrem Fleiß, ihrer Arbeit und von ihrem Vermögen der Gesellschaft widmen.

30. Sicherlich ist die Sorge für die Angelegenheiten anderer schwierig, da wir es aus weiter Entfernung betrachten. Deshalb urteilen wir über andere anders als über uns selbst. Die Entscheidung über Billigkeit oder Unbilligkeit kann uns in Zweifel setzen. Die Billigkeit leuchtet von selbst ein, der Zweifel aber deutet auf einen stillen Gedanken an Unrecht hin.

31. Grundsätze der Gerechtigkeit sind erstens niemanden einen Schaden zufügen und zweitens, dass man dem gemeinsamen Nutzen dient. Durch eine Veränderung der Umstände ändert sich auch die Pflicht und bleibt nicht dieselbe. Dadurch kann der Charakter eines gerechten Menschen eine andere Gestalt annehmen.

32. Wenn man jemandem etwas versprochen hat, können durchaus Umstände eintreten, die dieses Versprechen nicht einlösbar machen. Hier sollte man Abwägen vom Nutzen. Anders ist es bei Versprechen, die durch Furcht oder List getan werden.

33. Oft entsteht Unrecht durch Rechtsverdrehung, d. h. durch eine allzu schlaue und boshafte Auslegung des Rechts. In dieser Beziehung wird auch in Angelegenheiten des Staates viel Unrecht begangen.

Diejenigen, von denen man Unrecht erlitten hat, sollten in einem Maße bestraft werden, wo es genügt, dass man über sein Unrecht neu empfindet oder Ähnliches für die Zukunft unterlässt bzw. weniger Lust zu einem neuen Unrecht empfindet.

34. Bei fremden Staaten gegenüber muss das Recht des Krieges beobachtet werden.
Zwei Wege, um einen Streit zu entscheiden.
    1.  durch Rechtserörterung und
    2.  durch Anwendung von Gewalt.
Gewalt ist das letzte Mittel.

35. Kriege können unternommen werden, allerdings nur mit der Maßgabe, dass man gesichert vor Unrecht im Frieden leben kann und sich nach dem Sieg um diejenigen kümmert, die keine Grausamkeiten und Rohheiten ausgeübt haben.

36. Kein Krieg ist gerecht, wenn er nicht nach vorher geforderter Genugtuung geführt wird oder vorher angekündigt und angesagt worden ist.

37. Wer kein Soldat ist, hat kein Recht, mit dem Feind zu kämpfen.

38. Krieg bedeutet, man strebt nach Oberherrschaft oder Ruhm, dies sind keine rechtmäßigen Beweggründe.

39. Gibt man dem Feind ein Versprechen, muss Wort gehalten werden.

40. Wenn es sich um ein Versprechen handelt, muss man bedenken, was der Sinn der Worte sein soll und nicht was die Worte bedeuten können.

41. Soweit genug zu den Pflichten im Krieg. Wenden wir uns den

Sklaven zu. Man sollte sie wie Tagelöhner behandeln. Dienstleistungen von ihnen fordern und ihnen das gewähren, was Recht und billig ist. Man kann auf zweierlei weise unrecht tun. Durch Gewalt und List. Beides ist des Menschen unwürdig. List verdient allerdings noch mehr Abscheu, wenn man den Schein eines ehrlichen Menschen anzulegen sucht und so einen Betrug ausübt. Dies soll zur Gerechtigkeit genügen.

42. Etwas zur Wohltätigkeit und Freigebigkeit als Vorsichtsmaßregeln. Güte darf niemanden schaden, weder dem einen noch dem anderen. Güte darf nicht unsere Mittel übersteigen und das jedem nach Verdienst auch Gutes erwiesen werde. Erweist man dem anderen eine Gefälligkeit, welche dem aber schadet, ist er ein Schmeichler.

43. Es gibt viele gierige Menschen, die nach Glanz und Ruhm süchtig sind und die dabei dem einen das seinige Entreißen wollen, um es anderen wieder zu verschenken, damit sie sich dann als Wohltäter darstellen können. Man muss dafür Sorge tragen, dass man eine Freigebigkeit übt, welche den Freunden nützt und niemanden schadet.

44. Die Güte darf die Mittel nicht übersteigen. Wer freigiebiger sein will als seine Umstände es erlauben, begeht einen Fehler, da er für seine nächsten Angehörigen widerrechtlich handelt, da das Vermögen, das hinterlassen werden soll, er überträgt auf Fremde. Man raubt anderen das ihrige, um Hilfsquellen zu Schenkungen zu gewinnen. Geschieht dies aus einem gewissen Ehrgeiz, um den Ruf der Wohltätigkeit zu erhalten, ist dies mehr in Prahlsucht zu suchen und nicht in einer wohlwollenden Gesinnung.

45. Bei der Auswahl der Wohltätigkeit nach dem Verdienst sollte man Folgendes dabei berücksichtigen:
- scine Gesinnung
- die Gemeinschaft und die jeweilige gesellige Verbindung in der wir zu ihnen stehen

-   nützliche Dienste, die er geleistet hat

46. Lebt man mit Menschen, die einen durchschnittlichen Geist besitzen, sollte man überhaupt niemanden vernachlässigen, wo eine Spur der Tugend ersichtlich ist. Derjenige aber, wo mehr Tugenden in ihm wohnen, muss man größere Achtung schenken. Gemeint sind hier Tugenden wie Bescheidenheit, Selbstbeherrschung und Gerechtigkeit. Die Äußerungen der Tugenden sind verschieden, je nach Charakter des Menschen.

47. In Bezug auf die Tugend des Wohlwollens ist es die erste Vorschrift der Pflicht, denjenigen die größte Aufmerksamkeit zu erweisen, der uns mit größter Achtung behandelt. Man darf allerdings nicht das Wohlwollen nach leidenschaftlicher Liebe beurteilen, wie es junge Leute tun, sondern nach Festigkeit und Beständigkeit. Sind aber Verdienste schon vorhanden, wo Dank nicht mehr erworben werden muss, sondern man sie zu erwidern hat, da müssen wir größte Sorgfalt anwenden. Keine Pflicht ist dringender als die der Dankbarkeit.

48. Hat man eine Wohltat erhalten, wo man diese in reichlicherem Maße zurückgeben soll, was sollen wir dann tun, wenn wir erst dazu aufgefordert werden? Hier sollte man es wie die Äcker tun, die ungleich mehr ertragen, als sie empfangen. Wenn wir keinen Anstand haben, um jenen Dienste zu erweisen, wo wir Nutzen ziehen können, wie müssen dann gesinnt sein jenen Gegenüber, die uns schon genützt haben. Es gibt zwei Arten der Freigiebigkeit. Wohltaten zu erweisen oder zu erwidern. Ob wir sie erweisen wollen, steht in unserer Gewalt. Sie aber nicht zu erwidern, ist einem braven Bürger nicht erlaubt.

49. So wie die Wohltaten aussehen, je nachdem richtet sich die Größe des Danks. Jedoch muss man in Betracht ziehen, mit welcher Gesinnung, Zuneigung und Wohlwollen wir dazu gekommen sind. Viele tun dies aufs Geratewohl, einer krankhaften Neigung oder einer

plötzlichen Aufwallung des Gemüts wegen. Diese sind nicht so hoch zu beurteilen wie diejenigen, die aus der Beurteilung oder einer bestimmten Überlegung heraus gemacht werden, sowie solche, die auf festen Grundsätzen basieren.

50. Die gesellige Verbindung des Menschen wird am besten bewahrt, wenn wir denjenigen umso mehr Güte erweisen, desto mehr wir mit ihnen in Verbindung stehen. Die Grundlagen der menschlichen Gemeinschaft und Gesellschaft ist die Eigenschaft des Menschen, sich durch Vernunft, seiner Sprache, durch Lehren, Mitteilen, Erörtern und Urteilen auszudrücken. Es ist all das, was die Menschen untereinander verbindet und zu einer natürlichen Gesellschaft vereint. Hierin liegt der Gegensatz zu den Tieren. Sie besitzen keine Gerechtigkeit, Billigkeit und Güte, da sie der Vernunft und der Sprache nicht habhaft sind.

51. Alles, was die Natur dem Menschen zum Gebrauche bietet, muss für alle Menschen auch zur Verfügung stehen. Jedoch mit einer Einschränkung, das, was durch Gesetze und dem bürgerlichen Recht als Sondergut gilt bzw. geworden ist, soll auch im Besitz bleiben, wie es durch die Gesetze bestimmt ist. Alles Übrige ist der Gemeinschaft bestimmt. Man soll teilen mit anderen, indem Maße, wo es dem Empfänger nützlich und dem Geber nicht beschwerlich ist. Alle müssen etwas zum gemeinsamen Nutzen beitragen.

53. Es gibt mehrere Stufen der menschlichen Gesellschaft. Es ist die Menschheit schlechthin. Aber abgesehen von diesen allgemeinen Beziehungen finden auch nähere unter dem Menschen statt, die demselben Volk, Stamm und Sprache angehören. Am stärksten ist die Verbindung unter den Verwandten. Je nach Stufe wird das Verhältnis der Menschen zueinander inniger.

54. Durch den Trieb der Menschen (Fortpflanzung) entsteht die erste gesellige Verbindung, die Ehe, wo dann die Kinder, das Haus u.v.m.

folgen. Es ist die Grundlage der Stadt und auch die Pflanzschule des Staates. Durch weitere Verheiratungen, Verschwägerungen und daraus neu entstehende Verwandtschaften entsteht ein Staat (Ursprung).

55. Ein vertrauter Umgang untereinander ist die Vorzüglichste der geselligen Verbindungen.

56. Eine bestehende Ähnlichkeit des Charakters bei guten Menschen ist die beste Voraussetzung für eine innige Verbindung. Wo gleiche Bestrebungen und gleiche Gesinnungen herrschen, findet einer an dem anderen ebenso viel Wohlgefallen wie an sich selbst und hat zur Folge, dass aus mehreren Personen eine wird. Auch durch gegenseitiges Erweisen und Empfangen von Wohltaten, wo beide Teile zu Dank verpflichtet sind, wird das Band einander enger geknüpft. Aber unter allen geselligen Verbindungen ist keine wichtiger als die, wie jeder zu seinem Staate steht. Natürlich sind uns die Kinder, die Eltern, die Verwandten und die Freunde lieb, aber allen Empfindungen gegenüber ist die all umfassende Liebe zum Vaterland. Jeder brave Mann gibt dafür sein Leben, wenn es dem Vaterland nützlich ist. Umso verbesserungswürdiger sind jene, die eine rohe Gesinnung haben und damit ihr Vaterland schädigen.

58. Die Stufenleiter, wem wir die größte Verpflichtung schuldig sind.
    1. Vaterland und die Eltern.
    2. Kinder und das ganze Haus.
    3. Die mit uns in Eintracht lebenden Verwandten.
Diesen sind die am meisten zum Leben notwendigen Mittel zu gewähren.

59. Bei dieser Verteilung muss man darauf achten, was jeder am meisten Bedarf und was er auch ohne uns erlangen kann oder auch nicht erlangen kann.

60. Damit ist genug gesagt über das sittliche Gut, woran die Pflicht geknüpft ist.

61. Beim Beschimpfen eines anderen sind ganz bestimmte Worte im Gebrauch, die alles kurzfassen. Beim Lob dagegen nimmt man den Mund etwas voller.

62. Die Hoheit des Geistes ist fehlerhaft, wenn es ihr an Gerechtigkeit mangelt, für persönliche Vorteile kämpft und nicht für das allgemeine Wohl kämpft. Ein solches Benehmen zeugt von einer Rohheit, die alles menschliche Gefühl verleugnet. Tapferkeit ist aber eine Tugend, die für Billigkeit kämpft. Nichts kann sittlich gut sein, was der Gerechtigkeit ermangelt.

63. Wissen ohne Gerechtigkeit ist eher Schlauheit als Weisheit. Eine Entschlossenheit zu Gefahren, wenn sie Selbstsucht und nicht das allgemeine Wohl zur Triebfeder hat, ist eher Kühnheit als Tapferkeit.

64. Es ist trotzdem widerwärtig, wenn bei einer Hoheit und Größe des Geistes Hartnäckigkeit und eine übertriebene Herrschsucht erzeugt werden und das ganze Wesen nach Begierde und nach Sieg angesteckt ist. Desto mehr ein Mensch durch seine Geistesgröße sich auszeichnet, umso mehr will er der Erste oder einzige unter allen sein. Das Wesen der Gerechtigkeit bleibt hier auf der Strecke, denn solche Geschöpfe sind weder durch Vernunftgründe zu überzeugen, noch fühlen sie sich irgendeinem öffentlichen und bestimmten Recht unterworfen. Aus diesem Grund üben sie im Staat Bestechungen aus und stiften Parteiungen für ihre Interessen, um eine möglichst große Macht zu erlangen, als durch Ausübung der Gerechtigkeit ihnen gleich zu stehen.

65. Tapfer und großmütig sind nicht diejenigen, die unrecht tun, sondern nur die, welche Unrecht abwenden. Die vernünftige Seelengröße strebt nach Taten und nicht nach Ruhm und will lieber in

Wirklichkeit vorzüglich sein, als bloß zu scheinen. Wer von dem irrigen Urteil der unerfahrenen Menge abhängt, darf nicht unter die großen Männer gerechnet werden. Aber gerade die hochherzigen Männer lassen sich am leichtesten durch die Begierde nach Ruhm zu ungerechten Schritten verleiten. Das ist der bedenklichste Punkt, da sich kaum ein Mensch finden wird, der nach übernommenen Mühen und bestandenen Gefahren sich nicht auch Ruhm als eine Art Lohn für Sein Geleistetes wünscht.

66. Tapferkeit und Geistesgröße zeigt sich im Allgemeinen in zweierlei Sicht: Die eine besteht in der Geringschätzung der Dinge, wo man sich von keiner Leidenschaft und dem eigenen Schicksal überwältigen lässt. Die andere, wenn man obige Gesinnung hat, dann noch Taten vollbring, die von großem Nutzen sind und voller Gefahren stecken.

67. In der Gesinnung liegt die Kraft.

68. Der Mensch darf sich nicht von den Begierden beugen lassen. Besonders der Begierde nach Geld. Die Liebe zum Reichtum verrät Engherzigkeit und eine kleinliche Gesinnung. Vor Ehrgeiz sollte man sich ebenfalls in Acht nehmen. Es raubt uns die Freiheit für dessen Erhaltung, andere Streiten müssen.

69. Im Gemüt soll Ruhe und Furchtlosigkeit herrschen, das heißt, dies ist erreichbar, wenn man frei ist von Begierde, Furcht, Kummer, Freude oder Zorn. Dies festigt den Charakter und hat ein würdevolles Benehmen zur Folge.

71. Man darf sich nicht durch Beschimpfungen niederbeugen lassen.

72. Wer von der Natur aus zum Staatsdienst geschaffen ist, der kann sich ohne Bedenken um Staatsämter bewerben. Doch müssen sie ebenso wie die Philosophen in einem noch höheren Grade

Hochherzigkeit und die Geringschätzung irdischer Dinge in sich tragen. Sie müssen sich eine bestimmte Ruhe und Sorglosigkeit des Gemüts aneignen, frei von Ängstlichkeiten sein und mit Würde und Charakterfestigkeit leben. Umso höher die Verantwortung ist, desto stärker sind die Gemütsbewegungen.

73. Wer sich dem Staatsleben widmen will, der soll nicht nur erwägen, wie ehrenvoll dieser Beruf sei, sondern auch, ob er die nötigen Fähigkeiten besitzt, um wirklich dieser Aufgabe auch gerecht zu werden, um sie gut erfüllen zu können. Hierbei muss man sich vorsehen, dass man nicht ohne Grund aus Feigheit verzweifelt oder aus Begierde ein zu großes Selbstvertrauen hat. Bei allen ist es jedoch notwendig, die entsprechenden Vorbereitungen zu treffen.

74. Die Ansicht, dass Taten in einem Krieg einen höheren Stellenwert besäßen als die der inneren Staatsverwaltung, der irrt. Viele suchen den Krieg durch eine innere Begierde nach Ruhm, welches gemeiniglich bei ausgezeichneten Köpfen der Fall ist. Dies vervielfältigt sich noch, wenn sie zum Krieg Geschicklichkeit zeigen und ein heftiges Verlangen nach Kriegsführung in sich fühlen. Will man aber hierin ein richtiges Urteil fällen, so sehen wir, dass die Arbeit der inneren Staatsverwaltung an Wichtigkeit und Ruhm den Taten des Krieges überragt.

76. Wenig bedeuten die Waffen draußen, wenn daheim die Einsicht dazu fehlt. Es ist zu unterscheiden, ob man etwas erreicht durch Gewalt mit bewaffneter Hand oder durch Staatsklugheit ohne Mitwirkung eines Kriegsheeres.

79. Wichtig sind Entschlüsse der Vernunft, einer Bemühung des Geistes und die Anwendung der Denkkraft.

80. Bei Streitigkeiten ist eine Entscheidung durch Vernunftgründe

wünschenswerter als eine Entscheidung durch Waffengewalt. Es ist Rücksicht auf den allgemeinen Nutzen zu nehmen. Das Wesen von Tapferkeit und Standhaftigkeit ist, das man bei misslichen Umständen nicht in Verwirrung gerät und in der Bestürzung sich nicht in seiner Stellung verdrängen lässt, sondern geistesgegenwärtig und überlegt handelt und den Gebrauch der Vernunft niemals aufgibt.

81. Was gehört zu einem großen Geist? Dass man sich von der Zukunft im Voraus eine Vorstellung macht, indem man die guten und schlechten Erfolge bestimmt, um dann die entsprechenden Maßregeln zu ergreifen, wenn ein Ereignis eintritt und nicht sagen muss „das hätte ich nie gedacht". Dies sind Leistungen eines großen und erhabenen Geistes, wo Klugheit und Überlegung herrscht.

82. In Bezug auf Zerstörung und Plünderung anderer Städte oder Länder muss man darauf achten, dass man nicht ohne Überlegung und nicht mit Grausamkeit vorgeht. Die Schuldigen müssen bestraft werden nach vorangegangener Erwägung der Umstände. Die Volksmenge muss erhalten werden und das Leben muss am Recht festgehalten werden. Den Leuten, wo die Taten des Krieges mehr bedeuten als die Geschäfte der inneren Staatsverwaltung und wo gefährliche und leidenschaftliche Entschlüsse ihnen glänzender und höher erscheinen als eine ruhige und überlegte Tat, dürfen nicht zum Zuge kommen.

83. Man darf sich nie ohne Grund Gefahren aussetzen. Man darf nie das Leben anderer und das Wohlwollen der Bürger in Gefahr bringen.

84. Man darf nie das Menschengeschwätz über das Staatswohl setzen.

85. Für Staatsdiener:
1. Man muss den Nutzen der Bürger so ins Auge fassen, dass die Handlungen sich auf den Bürger beziehen, ohne an den eigenen Vorteil

zu denken.

2. Sorge tragen muss man für den ganzen Staatskörper und nicht nur für irgendeinen bestimmten Teil.

Die Verwaltung des Staates ist zum Nutzen derer da, von denen man das Vertrauen übertragen bekommen hat und nicht derer, denen sie anvertraut worden ist. Wer nur für einen Teil der Bürger sorgt und für den anderen nicht, der bringt Verderben über den Staat sowie Empörung und Zwietracht.

86. Wer an der Spitze der Macht (des Staates) steht, muss sich mit ganzer Seele dem Staate widmen und nicht nach Einfluss und Macht streben. Er muss das Ganze ins Auge fassen und für alle sorgen.

87. Höchst kläglich ist, wenn man Ehrfurcht und ein wetteiferndes Streben nach Ehrenämtern hat. Meinungsverschiedenheiten müssen das Beste für den Staat bringen und sollten ohne Bitterkeit ausgetragen werden.

88. Man darf nicht den Feind erzürnen, sondern Versöhnlichkeit und Milde vorziehen. Eine Gleichheit des Rechts, wo alles zum Besten des Staates ist und mit einer bestimmten Strenge begleitet ist. Ahndung und Zurechtweisung muss von der Beschimpfung frei sein.

89. Die Strafe darf nicht größer sein als das Vergehen. Es darf nicht sein, dass in gleichen Fällen, der eine Strafe erleiden muss und der andere noch nicht einmal zur Rede gestellt wird. Der Zorn muss ferngehalten werden, denn wer im Zorn straft, wird nie richtig maßhalten können.

90. Stolz, Hochmut und Anmaßung sind zu meiden.

91. Im größten Glück muss man auf den Rat der Freunde hören und ihnen noch mehr Einfluss auf uns einräumen. Doch sollten wir unter

Umständen uns vor Schmeichlern hüten, denn hierbei ist die Selbsttäuschung sehr leicht. Man dünkt sich so vortrefflich zu sein, dass man Lob verdiene. Diese befinden sich aber in größter Täuschung, denn hieraus entstehen Fehltritte, da diejenigen, die von uns eine hohe Meinung haben, aufgeblasen sind und Gegenstand eines schimpflichen Gespötts werden.

92. Die wichtigsten und hochherzigsten Taten werden von denen ausgeführt, welchen die Leitung der Staatsangelegenheiten obliegt, weil die Verwaltung des Staates die umfassendste Ausdehnung hat und auf die größte Anzahl der Menschen Einfluss ausübt. Bei der Verwaltung des eigenen Vermögens sollte man nicht alles Mögliche tun, um es zu vergrößern und alle anderen ausschließen, sondern vielmehr den Freunden und dem Staat im Falle der Not davon abgeben. Vermögen muss aber rechtmäßig erworben worden sein. Vermögen sollte durch kluge Berechnung, Fleiß und Sparsamkeit vermehrt werden und nicht durch Ausschweifung und Üppigkeit. Freigiebigkeit und Wohltätigkeit sind hier gefragt. Das ist eine edle, würdige und männliche Weise, die mit Aufrichtigkeit, Ehrlichkeit und Menschenfreundlichkeit verbunden ist.

93. Was ist unter anständig zu nennen? Die Selbstbeherrschung und Mäßigung sowie die Beruhigung der Leidenschaften und ein rechtes Maß in allem.

94. Was ist der Unterschied zwischen sittlich Gutem und Anständigem? Das Anständige äußert sich stets, indem das sittlich Gute vorangegangen ist. Wenn einer seine Vernunft und seine Rede mit der nötigen Einsicht gebraucht und mit Überlegung anstellt, was man tut und in allem das Wahre sieht, ist man anständig und handelt gerecht. Sich dagegen täuschen, irren, straucheln und sich bedrücken lassen ist unanständig.

95. Das Anständige steht mit der sittlichen Güte überhaupt in Verbindung. Es ist ein bestimmtes Etwas und wird in jeder Tugend bemerkt, welches sich mehr in Gedanken als in Wirklichkeit von der Tugend absondert. So wie die Schönheit eines Körpers sich von der Gesundheit nicht trennen lässt, so ist das hier dargestellte Anständige ganz und gar mit der Tugend verschmolzen.

96. Das Anständige liegt in der Mäßigung und Selbstbeherrschung mit einer gewissen edlen äußeren Haltung.

98. Das Benehmen gegen andere sollte achtsam sein.

99. Man muss im Benehmen gegenüber anderen eine gewisse Achtung beweisen. Aufgabe der Gerechtigkeit ist es, die Menschen nicht zu verletzen und in der des Zartgefühls ihnen keinen Anstoß geben, hierin liegt das Wesen des Anstands.

100. Beschreiten wir diesen Weg und kommen zu einer naturgemäßen Einsicht und Scharfsichtigkeit sowie der menschlichen Natur angemessenen Geselligkeit, dann werden wir zu einem festen und kräftigen Wesen gelangen. Das Wesen des Anstandes zeigt sich am wirksamsten im Teile der Sittlichkeit.

101. Die zwei Teile der Seele sind das Begehren und das andere die Vernunft. Dadurch hat die Vernunft zu herrschen und das Begehren zu gehorchen. Jede Handlung soll von Unbesonnenheit und Unachtsamkeit frei sein. Man darf nichts tun, wo nicht ein vernünftiger Grund angeben werden kann.

102. Die Begierden haben der Vernunft zu gehorchen, wenn aber die Begierden zu weit ausschweifen und sich der Vernunft nicht gehörig zurückhalten, wird ohne Zweifel das Ziel und Maß überschritten. Es ist übertriebene Sinneslust.

103. Man muss die Begierden beschränken und beruhigen, alle Aufmerksamkeit und Sorgfalt aufbieten, um nichts Unbesonnenes, Unüberlegtes aufs Geratewohl und durch Unachtsamkeit zu unternehmen. Aufpassen, dass sich die Handlungen nicht von der Sittlichkeit entfernen.

104. Auch beim Spiel sollte man Maß halten, um nicht im Taumel der Lust zu Unanständigkeiten herabzusinken.

105. Der Vorzug der Menschen gegenüber dem Tier. Das Tier hat ein sinnliches Lustgefühl und strebt danach mit allem Ungestüm. Der menschliche Geist findet aber seine Nahrung im Lernen und Denken, er erforscht oder tut etwas. Zudem wird er durch das Vergnügen des Sehens und Hörens angezogen. Es gibt aber auch Menschen, die nicht in der Tat, sondern nur den Namen nach Menschen sind und sich ganz von einer viehischen Wollust angezogen fühlen.

106. Wenn man Wert auf das Vergnügen legt, sollte man im Genuss desselben sorgfältig maßhalten. Auch sollte man die Kleidung und die Pflege des Körpers auf dessen Erhaltung und der Kraft beziehen und nicht auf das Vergnügen. Üppigkeit ist die verzärtelte und weichlichste Weise zu leben. Eine sparsame, enthaltsame Strenge und nüchterne Lebensart zu führen, ist dem vorzuziehen.

107. Die zwei Rollen, welche uns die Natur erteilt hat. Die eine ist allen gemeinsam, insofern wir an der Vernunft und dem Vorzug teilnehmen. Hieraus wird Sittlichkeit und Anstand abgeleitet, welches die Grundlage zur Auffindung der Pflicht ist. Die andere ist, welche jedem eigentümlich von der Natur zugeteilt wurde, indem wir große Verschiedenheiten jedes Einzelnen vorfinden. Der eine kann schnell laufen, der andere wiederum durch Stärke im Ringen, Würde, Anmut und vor allem des Geistes beeindrucken.

108. Es gibt Menschen, die ein großes Bestreben haben, heiter zu scheinen, aber in ihren Leben finster sind. Sie wollen witzig und heiter in der Unterhaltung sein, die mit einer schalkhaften Verstellung einhergeht. Die anderen haben die Fähigkeit, Pläne zu verhehlen, Schweigen zu beobachten, Verstellung anzunehmen, Nachstellungen zu bereiten und den Absichten der Feinde zuvorzukommen.

109. Die Besten sind die Männer mit offenem Charakter, die keine im Verborgenen und keine mit Hinterlist ausgeführte Handlungen zulassen. Sozusagen Freunde der Wahrheit und Feinde des Truges. Es gibt noch unzählige andere Verschiedenheiten in den Naturanlagen und im Charakter der Menschen, die keineswegs Tadel verdienen. Es gibt aber auch andere, die sich alles gefallen lassen, jeden untertänig sind, wenn sie dabei nur ihren Zweck erreichen. Ferner gibt es Menschen, die in ihren Unterredungen sich so benehmen, als ob man sie für ganz gewöhnliche Leute hält. Sie zeigen eine Freundlichkeit im Umgang mit Menschen.

110. Jeder muss besonders an seinem Wesen festhalten, nicht an dem Fehlerhaften, aber dem Eigentümlichen, desto leichter ist es das Anständige, was wir suchen, zu behaupten. Unser Streben muss es sein, nichts zu unternehmen, was gegen die allgemeine Natur des Menschen gerichtet ist, sondern nur beobachten und dabei unserer eigentümlichen Natur folgen.

111. Man sollte auch nicht die Naturanlage anderer Menschen Nachahmen und seine eigenen Naturanlagen aufgeben.

112. Das Eigentümliche, was jeder Mensch hat, muss im rechten Maße berichtigt werden. Auch darf man nichts Fremdes annehmen, denn das, was jedem am besten steht, ist seine Eigentümlichkeit.

114. Jeder möge daher seine natürlichen Anlagen kennenlernen und

über seine Vorzüge und Fehler streng richten. Dort, wo wir das meiste Geschick haben, muss die Hauptbeschäftigung liegen. Sollte man doch einmal in Not geraten, welche sich gegen unsere Gemütsart sich richtet, müssen wir mit aller Sorgfalt darüber Nachdenken und mit aller Umsicht dieser Not mit möglichst geringen Übelstand überwinden. Unser Streben soll nicht auf Vorzüge gerichtet sein, die uns nicht gegeben sind, sondern versuchen, Fehler zu vermeiden.

115. Des Weiteren spielt der Zufall oder der Zeitumstand eine Rolle. Der Königsthron, ein Befehlshaberposten, die edle Geburt, Ehrenämter, Reichtum, Macht und das ganze Gegenteil von diesen Dingen beruht auf Zufall und wird durch die Zeitumstände bestimmt. Was wir aber selbst für eine Rolle spielen, hängt von unserem Willen ab. So widmen sich einige der Philosophie, andere dem bürgerlichen Recht oder der Beredsamkeit. In Bezug auf Tugend will sich der eine in dieser, der andere in jener auszeichnen.

116. Wo die Väter oder Vorfahren sich in einem Fach hervorgetan haben, versucht man in demselben Fach sich auszuzeichnen. Einige fügen noch ihr Eigenes hinzu. Es gibt auch welche, die dieses Nachahmen aufgeben und einen eigenen Lebensplan verfolgen. Ein solches Streben zeigt jene, die sich selber ein hohes Ziel stellen.

117. Es ist wichtig zu bestimmen, was und wie wir sein wollen und welche Lebensart wir wählen wollen, die bei allen Überlegungen die Schwierigste ist. Denn beim Eintritt ins Jünglingsalter, wo die Einsicht sehr schwach ist, bestimmt sich jeder für die Lebensweise, für welche er die größte Neigung gewonnen hat. Damit lässt er sich in eine bestimmte Lebensart und Lebensbahn hineinziehen, bevor er in der Lage ist, zu beurteilen, was das Beste sei.

118. Wir richten uns nach denen, die uns gerade Ansprechen und werden zu ihren Beschäftigungen und Lebenseinrichtungen hinein

getrieben. Gemeiniglich aber lassen wir uns durch die Vorschriften der Eltern gebildet, zu deren Gewohnheiten und Sitten hinleiten. Andere wiederum lassen sich durch das Urteil des großen Haufens leiten und was dieser großen Menge als das Schönste erscheint, machen sie sich selber zum Gegenstand ihres Wunsches. Andere schlagen dennoch den richtigen Lebensweg ein, der begründet ist durch Zufall, Naturanlage und elterliche Erziehung.

119. Sehr klein der Anzahl sind jene, die im Besitz einer ausgezeichneten Geistesgröße sind oder eine vorzügliche Ausbildung und Gelehrsamkeit vorweisen, vielleicht sogar noch bei beiden Vorzügen die Zeit zur Überlegung haben, welche Lebensbahn sie wollen.

120. Wer nun seinen ganzen Lebensplan nach seiner Naturanlage bestimmt und nicht fehlerhaft ist, der mag dies mit Beharrlichkeit ausführen, denn darauf beruht ja das Anständige. Sollte man bei Freundschaften Veränderungen herbeiführen, so sollten sie Schritt für Schritt erfolgen und nicht abrupt.

121. Ist ein Wechsel der Lebensweise eingetreten, so sollten wir es der Welt zeigen, dass dies aus guten Gründen geschehen ist. Wenn es einem nicht möglich ist, das Fach der Väter weiterzuführen, da er beispielsweise nicht in der Lage ist, Rechtshandel zu führen oder durch Reden niemand fesseln zu können, so ist er verpflichtet, dass zu tun, was in seiner Gewalt steht, nämlich Gerechtigkeit, Redlichkeit, Freigebigkeit, Bescheidenheit und Selbstbeherrschung zu üben, damit man die fehlenden Vorzüge weniger vermisst. Den letzten Erbteil der Eltern den Kindern überlassen zu können, ist der Ruhm der Verdienste und der Taten und nicht das Erbvermögen.

122. Der Jüngere hat vor dem Älteren Achtung zu zeigen. Von den Älteren sollen die Besten und Bewährtesten herangezogen werden,

damit die Jüngeren mit gutem Rat und guter Leitung einen Halt bekommen. Die Unerfahrenheit der Jugend muss durch Alter geordnet und geleitet werden. Die Jüngeren muss man vor Ausschweifungen bewahren und in Anstrengung und Ausdauer der Seele und des Körpers üben, damit sie später, vielleicht im Staatsdienst eine gute Tätigkeit zeigen. Bei Erholung und Fröhlichkeit mögen sie sich vor Unmäßigkeiten hüten und sittsam sein.

123. Ältere Leute hingegen dürfen ihre körperlichen Anstrengungen vermindern, die Übungen des Geistes aber vermehren. Ihr Bestreben muss es sein, durch Klugheit die Freunde, die Jugend und den Staat zu unterstützen. Kommt aber im Alter die Unmäßigkeit im sinnlichen Vergnügen, so ist es nicht nur fürs Alter eine Schande, sondern verdirbt die Jugend schamlos.

124. Die besondere Aufgabe der obrigkeitlichen Personen beruht darauf, dass sie Begreifen, dass sie als Vertreter des Staates verpflichtet sind, Würde und Ehre aufrecht zu halten. Der Privatmann soll mit seinen Mitbürgern gleichberechtigt Leben und dem Staate gegenüber eine friedliche und edle Gesinnung hegen, dann ist er ein guter Bürger.

125. Die Pflicht eines Fremden ist, nur seine eigenen Geschäfte zu betreiben und sich nicht um andere Sachen kümmern. Am wenigsten sich in fremde Angelegenheiten einmischen.

132. Die Bewegung der Seele ist von doppelter Art. Das Denkvermögen beschäftigt sich mit der Erforschung der Wahrheit und das Vermögen, um etwas zu begehren. Es treibt zu bestimmten Handlungen. Das Denkvermögen sollte auf die möglichst besten Gegenstände gerichtet sein und das Vermögen etwas zu begehren der Vernunft untertänig sein. Auch die Rede ist von doppelter Art. Einmal die gesteigerte, mit Anstrengung gesprochene Rede wie bei Verhandlungen, Versammlungen oder im Senat. Die andere ist in der

Umgangssprache in gesellschaftlichen Vereinen, gelehrten Unterhaltungen und freundschaftlichen Zusammenkünften zu finden.

133. Der Ausdruck der Rede ist die Stimme. Die Stimme gibt es zweierlei in Deutlichkeit und Lieblichkeit.

135. Gespräche werden geführt über Haushalt, dem Staat, Wissenschaft und vielen mehr. Hier muss man bemüht sein, die Rede bei Anwendung des Gegenstandes auf das Eigentliche wieder zurückzuführen, jedoch mit Rücksicht auf die betreffende Gesellschaft, denn man findet nicht an denselben Gegenständen zu jeder Zeit und in gleichen grade Geschmack. Zu beachten ist auch, inwieweit das Gespräch eine Unterhaltung gewährt. Auch muss man das richtige Maß für die Veranlassung und das Ende finden.

136. Mit den Personen, mit denen wir uns Unterhalten ist Verehrung und Hochachtung an den Tag zu legen. Sind Verweise notwendig, müssen wir in nachdrücklichen und schärferen Ausdrücken reden. Die Art der Zurechtweisung ist nur im Notfall anzuwenden. Der Zorn selber muss fern bleiben, denn mit ihm kann nichts verständig und mit Überlegung getan werden.

137. Bei Streitigkeiten mit dem erbittertsten Feind geziemt es sich, ein gesetztes Wesen beizubehalten und Jähzorn von sich fernzuhalten. Alles, was in einer solchen Aufregung geschieht, kann weder mit gesetzter Haltung geschehen noch die Billigung der Anwesenden finden.

141. Bei jeder Handlung haben wir drei Dinge zu beachten. Beim Begehrungsvermögen der Vernunft gehorsam leisten, was für die Pflichten das Förderlichste ist. Erwägen, von welcher Wichtigkeit der Gegenstand sei, um die entsprechende Sorgfalt und Mühe aufzuwenden, wie es die Sache erfordert. Und drittens, im Anstand

immer maßhalten und die Unterwerfung des Begehrungsvermögens unter die Herrschaft der Vernunft legen.

147. In Fällen, wo die Beurteilung zweifelhaft ist, sollte man wissenschaftlich gebildete oder erfahrene Personen zurate ziehen, um ihr Urteil zu hören. Man muss nicht nur sehen, was jeder spricht, sondern auch, was jeder denkt und aus welchem Grund er es denkt.

150. In dem Gewerbe haben wir folgende Ansichten kennengelernt. Das Missfallen jener Gewerbe, die sich den Hass der Menschen zuziehen, wie das der Zöllner und der Wucherer. Uncdel ist ebenfalls das Gewerbe der Tagelöhner, denen man bloß die Arbeit und nicht die Kunst bezahlt, da bei ihnen der Lohn das Handgeld ist, für das sie sich zum Sklavendienste verbindlich machen. Für niedrig gelten auch die Krämer, die die Waren von den Großhändlern kaufen, um sie gleich darauf wieder verkaufen zu können. Für niedrig erachten wir diese, die den Käufer gehörig belügen, um Gewinn zu machen. Es gibt hier nichts Schlimmeres als die Lüge.

152. Alles was sittlich gut ist, entspringt aus vier Quellen. Der Erkenntnis, dem Gemeinsinn, der Hochherzigkeit und der Mäßigung.

153. Klugheit und Weisheit werden unterschiedlich abgeleitet. Klugheit ist die Wissenschaft der zu erstrebenden und zu vermeidenden Dinge. Weisheit ist die Forschung der göttlichen und menschlichen Dinge, auf der die Gemeinschaft der Götter und Menschen sowie ihre gegenseitige Verbindung beruht. Lebensweisheit ist die wichtigste unter den Tugenden. So muss die Pflicht die bedeutendste sein, die sich von dem Gemeinsinn ableiten lässt. Denn die Erkenntnisse und die Betrachtungen der Natur wären unvollständig, wenn sie von keiner Handlung begleitet würde. Dieser Vorgang ist vornehmlich in der Förderung und Erhaltung der Vorteile unserer Nebenmenschen zu sehen. Ihr Zweck ist die menschliche

Gesellschaft. Demzufolge ist sie der Erkenntnis vorzuziehen.

154./155. Das die Pflichten der Gerechtigkeit, den Pflichten der Wissenschaft vorzuziehen sind, wird am folgenden Beispiel erklärt. Wer möchte nicht in der Erforschung oder Untersuchung der Natur so leidenschaftlich sein, wenn während der Behandlung und Betrachtung der wissenschaftlichen Gegenstände plötzlich die Nachricht kommt, das Vaterland ist in Gefahr. Diejenigen, die all ihre Bestrebungen, ihr ganzes Leben der Erforschung der Dinge widmen, entziehen sich nicht der Pflicht, den Nutzen und den Vorteil ihrer Nebenmenschen zu fördern. Denn durch ihren Unterricht machen sie viele Menschen zu besseren und dem Staatswesen nützlicheren Bürgern. Begründung: Alles was ich geleistet habe, verdanke ich meinen Lehrern. Durch deren Unterricht bin ich in der Lage, mit den entsprechenden Kenntnissen ausgerüstet an der Verwaltung des Staates teilzunehmen.

157. Der Gesellschaftssinn und der Gemeinsinn der Menschen steht höher als das Streben nach Erkenntnis.

158. Es ist nicht wahr, dass die Menschen sich nur deshalb zu einer Gemeinschaft und Gesellschaft verbunden hätten, weil sie die natürlichen Bedürfnisse ohne den anderen nicht erreichen können.

159. Der Geselligkeitstrieb, welcher der Natur entspricht, ist nicht der Mäßigung und der Sittsamkeit vorzuziehen.

160. Bei der Wahl der Pflichten gebührt dem der Vorzug, welcher sich auf den Gesellschaftstrieb der Menschen gründet. Eine überlegte Handlung ist die Folge der Erkenntnis und Einsicht. Folglich hat das überlegte Handeln einen höheren Wert als das kluge Denken.

## 8. Zweites Buch (S. 127-181)

1. Wie sich Pflichten aus der Sittlichkeit und aus dem Wesen der Tugend ableiten lassen, ist im ersten Buch beschrieben. In diesem Buch werden die Arten der Pflichten behandelt, welche sich auf die Einrichtung des Lebens und auf die Mittel zur Erwerbung der menschlichen Bedürfnisse. Gemeint sind hier Macht und Vermögen. Es wird beantwortet, was ist nützlich, was ist schädlich und was ist unter mehreren Dingen das Nützlichste.

2. Meine Sorge war, wo alles der Gewaltherrschaft eines Einzigen unterworfen wurde.

5. Philosophie ist das Streben nach Weisheit. Philosophie ist nach der Begriffsbestimmung der alten Philosophen die Wissenschaft der göttlichen und menschlichen Dinge und deren Ursachen, auf denen diese beruhen.

9. Bei der Erörterung der Pflicht gibt es fünf Gesichtspunkte. Zwei beziehen sich auf den Anstand und Sittlichkeit, zwei auf die Vorteile des Lebens als Reichtum, Macht, Vermögen und der Fünfte auf die Entscheidung der Wahl in Fällen, wo sich diese genannten Punkte untereinander im Streite befinden. Jetziger Gegenstand ist das Nützliche. Ein Fehler ist, dass man das Nützliche vom Nutzen trennt, d. h. es gibt ein sittlich Gutes, das nicht nützlich ist und ein Nützliches, dass nicht sittlich Gut ist. Dieser Irrtum musste auf das Leben der Menschen einen verderblichen Einfluss haben.

10. Alles, was gerecht ist, ist auch nützlich und was sittlich gut ist, ist ebenfalls nützlich. Man kann nur durch sittlich gute Entschließungen und gerechte Handlungen die Erfüllung seiner Wünsche erreichen.

12. Eine Erklärung der Wirkungen von menschlicher Arbeit. Weder die Heilkunde noch die Schifffahrt, der Ackerbau, die Einsammlung und

die Aufbewahrung der Feld- und Gartenfrüchte wären ohne das Bemühen der Menschen nicht möglich gewesen. Die Ausfuhr der im Überfluss vorhandenen Dinge und die Einfuhr anderer Sachen würde ohne die Menschen, die Geschäfte betreiben, nicht möglich sein.

13. Die Arbeit von Menschenhänden macht es möglich, Häuser zu bauen. Die Erfahrung des Lebens versetzt den Menschen in die Lage, durch Hilfsmittel auch Unfälle zu vermeiden. Beispiele sind der Hauseinsturz bei Sturm, Wasserleitungen und die Bewässerung der Felder.

15. Cicero nennt es Menge der Künste, ohne die das Leben gar nicht bestehen könnte. Gründung von Gesetzen und Sitten für eine geordnete Lebensordnung, wo das Leben eine größere Sicherheit erhält.

16. Kein Staatsmann wäre in der Lage, große Unternehmungen durchzuführen, ohne den Beistand anderer Menschen. Ohne sie hätte man keine großen Taten zustande gebracht. Aber durch Menschen werden auch Menschen durch Krieg und Staatsumwälzungen vernichtet.

17. Es gibt daher keinen Zweifel, dass die Menschen den Menschen den größten Nutzen, aber auch den größten Schaden bereiten können. Aufgabe der Tugend ist es, die Gemüter der Menschen zu gewinnen und sie zu unserem Nutzen zu verbinden. Die Förderung unseres Wohles wird durch die Weisheit und Tugend vortrefflicher Menschen erweckt.

18. Die Tugend in ihrem ganzen Umfang zeigt sich in drei Stücken. Dass erste besteht in der Einsicht, was in der Sache war, was ihr angemessen sci, was aus ihr folgt, woher sie entspringt und was ihre Ursache ist. Das ist Klugheit. Das zweite sind die stürmischen Gemütsbewegungen in Schranken zu halten und die Begierden der

Vernunft unterwürfig zu machen. Das ist die Mäßigung. Die dritte ist das Zusammenleben der Menschen gemäßigt und verständig zu behandeln. Die Bedürfnisse in vollem Maße sich verschaffen zu können und mithilfe derselben, wenn uns ein Nachteil trifft, abzuwehren und diejenigen zu bestrafen, die uns Schaden zufügen, soweit es die Billigkeit und die Menschlichkeit zulassen.

19. Durch welche Mittel können wir uns die Befähigung aneignen, die Zuneigung der Menschen zu gewinnen und zu erhalten?

20. Auf welcher Weise können wir die Zuneigung unserer Mitmenschen für unseren Vorteil gewinnen und zur lebhaften Teilnahme anregen?

21. Gründe, warum Menschen zu der Erhöhung des Glücks und Ansehens ihrer Mitmenschen beitragen.
- Persönliche Zuneigung
- Ehrerbietung (Hochschätzung seiner Verdienste)
- Vertrauen schenken
- oder weil sie einen Einfluss fürchten
- in Erwartung auf Vorteil

Der Letzte ist der schmutzigste und entehrendste. Man muss schlecht dastehen, wenn man versucht, durch Geld persönlichen Verdienst zu erwirken.

22. Ursachen, warum sich Menschen einer Herrschaft und Gewalt unterwerfen lassen.
- Persönliche Zuneigung
- große Wohltaten
- Hoffnung auf Vorteile
- Furcht mit Gewalt zum Gehorsam gezwungen zu werden
- Hoffnung auf Geschenke und Versprechungen

Also diejenigen, die sich durch Lohn Dingen lassen.

23. Ein Mittel, um seine Macht zu behaupten und zu erhalten, ist die Liebe, ungeeignet ist hier die Furcht.

24. Die Gewaltherrscher, die mit Gewalt ihre unterdrückten Untertanen durch Zwingherrschaft in Schranken halten, sind genötigt, die strengsten Mittel anzuwenden. Trotzdem wird der Freiheitssinn zu bestimmten Zeiten immer wieder auftauchen. Schärfer aber ist der Biss des freien Wortes, wenn es eine Zeit lang gehemmt wird, als wenn es ungestört beibehalten werden kann. Diejenigen, welche gefürchtet sein wollen, müssen notwendigerweise die fürchten, von denen sie gefürchtet werden.

28. Hätten wir nicht so viele schlechte Taten ungeahndet ertragen, so wäre nie eine so unbegrenzte Macht in die Hände eines Einzelnen gekommen.

29. Es wird zu keiner Zeit an Stoff und Veranlassung fehlen, damit es zu Bürgerkriegen kommt, solange es verdorbene Menschen gibt.

30. Es muss unser bester Vorsatz sein, einen vertrauten und zuverlässigen Umgang mit Freunden zu haben, die Hochachtung vor uns haben.

31. Ehre, Ruhm und Wohlwollen entbehren vielleicht nicht alle in gleichem Maße, wer sie aber besitzt, dem leisten sie einen großen Vorschub zur Anknüpfung freundschaftlicher Verhältnisse. Doch wollen wir kurz von Ruhm reden. Der höchste und vollendete Ruhm besteht aus drei Stücken: Die Menge muss ihn lieben, muss ihn Vertrauen schenken und aus einem Gefühl von Hochachtung ihn in seiner geehrten Stellung für würdig halten. Es gibt aber noch eine andere Art, um bei der Menge einen Zugang zu finden.

32. Durch was erhalten wir Wohlwollen? Es wird am meisten durch

Wohltaten gewonnen und durch den bloßen guten Willen hervorgerufen. Alles, was wir sittlich gut und anständig nennen, dann noch unseren Beifall findet, so werden wir von der Natur her selbst genötigt, die zu lieben, bei denen wir solche Tugenden vorfinden.

33. Vertrauen kann durch zweierlei erreicht werden. Klugheit, die mit Gerechtigkeit gepaart ist.

34. Um Zutrauen zu gewinnen, ist die Gerechtigkeit das wirksamere Mittel. Nun besitzt jedoch die Gerechtigkeit auch ohne die Klugheit ein hinreichendes Ansehen, während die Klugheit ohne die Gerechtigkeit gar nicht zur Geltung kommt, um ein Vertrauen zu gewinnen. Hinzu kommt, je schlauer und gewandter ein Mensch ist, umso verhasster und verdächtiger ist er, wenn es ihm an Rechtschaffenheit fehlt. Hier erkennt man, dass eine mit Einsicht verbundene Gerechtigkeit eine unermesslich große Kraft hat, um Zutrauen zu gewinnen. Damit kann man feststellen, dass die Gerechtigkeit ohne Klugheit viel zu vermögen vermag, ohne die Gerechtigkeit aber wird die Klugheit nichts vermögen können.

35. Bei der Aussage, wer eine Tugend besitzt, besitzt zugleich alle, muss eine Trennung der Tugenden vorgenommen werden.

36. Man verachtet diejenigen und schätzt sie gering, wo Eigenschaften festgestellt werden, die zur Ausübung von Unrecht neigen. Bei den Menschen, die man für gerüstet für ein Unrecht hält, missachtet man zwar nicht, aber man hat eine schlechte Meinung über sie. Sie taugen nichts, weder für sich noch für andere.

37. Bewundert werden diejenigen, wo man glaubt, dass sie gegenüber anderen Menschen hervorragende Tugenden aufweisen und frei von Lastern sind, wo andere schwer widerstehen können.

38. In hohem Grade bewundert man denjenigen, wo das Geld keinen Eindruck macht. Von solchen Männern, wo diese Eigenschaft entdeckt wird, glaubt man, sie haben die Feuerprobe bestanden.

40. Auch für Kaufleute ist die Gerechtigkeit zur Führung ihrer Angelegenheiten unentbehrlich.

41. Man braucht Männer von gutem Charakter, um die Früchte der Gerechtigkeit genießen zu können. Durch Festsetzung von Gleichheit des Rechts beherrscht man die Höchsten wie die Niedrigsten nach gleichen Grundsätzen.

43. Sokrates: Man soll sich bemühen, das zu sein, was wir wirklich sind. Derjenige, der durch Verstellung und durch künstliche Reden und Mienen einen bleibenden Ruhm zu erreichen meint, der irrt sich gewaltig. Der wahre Nimbus schlägt Wurzeln und breitet seine Arme aus, während alles Gekünstelte wie Blüten von einem Baum abfällt und dieses Blendwerk nicht von langer Dauer ist.

48. Die Bewunderung ist groß, die man einem Redner zollt, wenn er mit Fülle und Weisheit redet. Seine Zuhörer sind daher der Ansicht, er besitze mehr Einsicht und Lebensweisheit als alle anderen. Ist aber in dieser Rede noch Würde mit Bescheidenheit gepaart, so erreicht die Bewunderung den höchsten Grad.

49. Die größte Bewunderung erreicht man durch die gerichtliche Rede. Sie besteht aus Anklage und Verteidigung.

52. Dies waren einige Bemerkungen der Pflichten zur Erreichung des Ruhmes. Jetzt will ich von der Wohltätigkeit und Freigebigkeit reden. Diese ist von doppelter Art. Man tut Hilfsbedürftigen etwas Gutes durch persönliche Dienstleistungen oder durch Geldaufwand.

53. Persönliche Dienstleistung heißt, sich durch geistige, wohltätige und freigebige Tätigkeit zu erweisen.

54. Viele verschleudern durch unbesonnenes Denken ihr Vermögen. Diese Torheit kann man nicht auf längere Zeit praktizieren. Haben sie sich durch Schenkung arm gemacht, so sehen sie sich genötigt, nach fremdem Gut die Arme auszustrecken. Auf der einen Hinsicht wollen sie wohltätig sein, um die Zuneigung anderer zu gewinnen, und auf der anderen Seite erzeugen sie wiederum Hass, bei denen sie nehmen.

55. Man darf sein Vermögen weder so verschließen, dass es sich keiner Wohltätigkeit öffnen kann, noch genauso unverschlossen lassen, dass alle Welt Zutritt dazu hat. Man beobachte hier das Maß, welches nach den Vermögensumständen bestimmt wird.

56. Hierbei gibt es zwei Arten von Leuten, die gern Schenken. Die Verschwender und die Freigebigen. Verschwender sind diejenigen, die ihr Geld in Schmausereien, Fleischverteilungen, Schauspiele und Tierhetzen ausgeben. Freigebige sind die, die mit ihren Mitteln Gefangene von Räubern loskaufen, die Schulden von Freunden übernehmen, bei der Ausstattung ihrer Kinder helfen oder bei der Vermehrung ihres Vermögens behilflich sind. Dem gegenüber gibt es die Geldverschwendungen, die den Zweck haben, das Volk zu belustigen und andere Müssen etwas Kaufen, um das Leben der Masse erträglicher zu machen. Die Geldverschwendung erzeugt nur Freude von ganz kurzer Dauer.

60. Besser ist ein Aufwand, der zum allgemeinen Nutzen beiträgt. Freilich sind Geschenke, die in bar gemacht werden, angenehmer. Die Aufwendungen zum allgemeinen Nutzen aber werden in der Zukunft dankbarer anerkannt.

61. Bei der Freigebigkeit sollten wir die verschiedenen Fälle sehen.

Der eine befindet sich im Unglück und der andere befindet sich in einem besseren Zustand.

62. Geneigter wird sich die Wohltätigkeit gegen Unglückliche zeigen, es sei den, sie verdienen das Unglück. Diejenigen, die unsere Unterstützung in Anspruch nehmen, um nicht ganz zu Boden geworfen zu werden, sollten wir durchaus nicht sparsam sein. Dies muss allerdings mit Überlegung und Sorgfalt geschehen, denn schlecht angelegte Wohltaten rufen üble Taten hervor.

65. In Rechtsfragen Beistand leisten, durch Rat unterstützen und durch diese Art des Wissens möglichst vielen Menschen nützen, trägt zur Vermehrung des Einflusses und der Gunst bei.

67. Indes sehen wir, was für Männer dahingegangen sind, wo wenige uns zu Hoffnungen berechtigen, da viele nur Dreistigkeit besitzen.

68. Man sollte darauf achten, nicht die einen zu beleidigen, während man andere unterstützen will. Wenn man jemand verletzt, muss man unterscheiden, ob es nicht vorsätzlich geschieht, denn dann wäre es Nachlässigkeit. Wenn es jedoch wissentlich stattfindet, so zeugt es von Unbesonnenheit. Man muss sich auch gegen die entschuldigen, welche man wider Willen beleidigt hat, indem man die Gründe angibt, weshalb man genauso und nicht anders gehandelt hat.

69. Bei der Unterstützung der Menschen pflegt man entweder ihren Charakter oder ihre Glücksumstände zu berücksichtigen.

71. Unsere Sitten sind durch die Verehrung des Reichtums verderbt und verschlechtert.

72. Jetzt sprechen wir nicht mehr über die Wohltaten einzelner Personen, sondern über die Gesamtheit der Bürger und den Staat. Man

sollte allerdings bemüht sein, beides zu verbinden. Jedoch mit der Rücksicht, dass ihm nichts Nachteiliges erfährt. Also Wohltaten, die für den Staat erträglich sind und für das Volk notwendig.

73. Die Staatsbeamten müssen dafür sorgen, dass ein jeder sein Eigentum behält und das der Besitz der Privatpersonen von seitens des Staates keine Schmälerung erfährt. Staaten und Städte sind gegründet worden, um jedem sein Besitztum zu sichern.

74. Man muss auch dafür sorgen, dass dem Bürger wegen Armut des Staatsschatzes und immerwährende Kriege keine persönliche Steuer erhoben bekommt. Es müssen deshalb lange vorher Maßregeln ergriffen werden. Tritt aber die Notwendigkeit einer solchen Abgabe ein, muss man alle überzeugen, dass dies zu ihrer Erhaltung notwendig ist und deshalb sich alle fügen müssen. Alle Staatsbeamten haben dafür Sorge zu tragen, dass ein reichlicher Vorrat von den notwendigen Lebensbedürfnissen vorhanden ist.

75. Die Hauptsache bei jeder Besorgung eines öffentlichen Geschäftes und Amtes ist den leisesten Verdacht von Eigennutz von sich fernzuhalten.

77. Denen man die Leitung des Staates anvertraut hat, dürfen mit der Staatsmacht kein Wucher treiben. Dies ist nicht nur schimpflich, sondern auch schändlich. Staatsmänner können leichter das Wohlwollen der Volksmenge gewinnen durch Uneigennützigkeit und Genügsamkeit.

78. Grundfeste des Staates werden erschüttert, wenn Besitzer von ihrem Besitze vertrieben und den Schuldnern geliehenes Geld erlassen wird.

79. Wem sein Eigentum genommen wird, der ist sein Feind. Wem es

gegeben wird, der lässt es sich nicht anmerken, dass er es zu bekommen gewünscht hat. Besonders bei der Erlassung geliehenen Geldes verbirgt er seine Freude, um den Schein zu vermeiden, als ob er zahlungsunfähig gewesen sei. Derjenige allerdings, der Unrecht erlitten hat, äußert seinen Schmerz ganz unverhohlen.

81. Beide müssten entschädigt werden. Demjenigen, dem es hätte nicht genommen werden dürfen und demjenigen, der es früher besessen hatte. So geziemt es sich mit seinen Staatsbürgern umzugehen und nicht alles zu versteigern und die Güter seiner Bürger durch die Stimme des Anrufers feilzubieten. Für das Wohl aller muss Sorge getragen werden, darin besteht die höchste Vernunft und Weisheit eines braven Bürgers.

84. Man muss Vorsichtsmaßregeln treffen, dass keine Schuldenlast entsteht, die dem Staat nachteilig sein kann. Sind aber Schulden gemacht, so darf man sich nicht eines Mittels bedienen, wodurch die Wohlhabenden das Eigene verlieren und die Schuldner dagegen fremdes Gut gewinnen. Das Schlimme ist, das es Menschen gibt, die am Sündigen vergnügen finden, selbst wenn es dazu kein Grund mehr bietet.

85. Bei dieser Art, wo dem einen genommen und dem anderen gegeben wird, halten sich die fern, die für die Wohlfahrt des Staates Sorge tragen. Ihr Hauptbestreben ist darauf gerichtet, dass durch Gleichheit vor dem Gesetz und den Gerichten jeder im Besitz des seinigen bleibt. Das der Geringere in seiner Niedrigkeit nicht übervorteilt wird und dem Wohlhabenden in seiner Missgunst ihm ein Hindernis wird, seins zu behaupten oder wieder zu erlangen. Das durch alle möglichen Mittel im Krieg wie im Frieden die Herrschaft, das Land und die Einkünfte sich vergrößern. Das sind Grundsätze großer Männer.

86. Die Sorge für die Gesundheit und für das Vermögen gehören in das

Gebiet des Nützlichen. Was das Wohlsein anbelangt, so erhält man sie durch die Kenntnis seines Körpers und durch die Beobachtung, was einem nützt oder schadet. Dazu gehört die Enthaltsamkeit in der ganzen Nahrungs- und Lebensweise, die zur Erhaltung des Menschen dient.

87. Das Vermögen soll durch Mittel erworben werden, die frei von Unsittlichkeit sind. Erhalten soll man es durch eine Genauigkeit und Sparsamkeit, womit es auch vermehrt wird.

### 9. Drittes Buch (S. 182-249)
5. Die Philosophie ist in ihrem ganzen Umfang fruchtbar und gewinnreich, aber kein Teil ist in ihr am ergiebigsten wie der von den Pflichten. Denn aus ihnen lassen sich die Vorschriften zu einem gleichmäßigen und sittlich guten Leben ableiten.

18. Diejenigen, die bei allen Dingen den Maßstab äußerer Vorteile und Bequemlichkeiten anlegen und dem sittlich Guten kein Übergewicht beimessen, pflegen bei ihren Beratungen das sittlich gute, mit dem, was sie für nützlich halten, zu vergleichen. Rechtschaffene Männer tun dies nicht.

21. Einem anderen etwas entziehen und mit dem Nachteil des anderen seinen eigenen Vorteil fördern, ist mehr gegen die Natur als der Tod oder die Armut. Dadurch hebt man das Zusammenleben der Menschen und der Gesellschaft auf.

22. Das jeder für sich selbst als für die anderen die Lebensbedürfnisse erwirbt, streitet nicht gegen die Natur des Menschen. Sie lässt es aber nicht zu, dass wir durch die Beraubung anderer, unser Vermögen, unseren Wohlstand und unseren Einfluss vergrößern.

23. Man darf des Vorteils willen den anderen nicht schaden, denn die Erhaltung der bürgerlichen Verbindung ist der Zweck der Gesetze, sie ist ihre Absicht. Die Gesetze der Völker sind die Verfassungen der einzelnen Staaten.

26. Bei den Menschen, die andere Misshandeln, um selbst Vorteil zu gewinnen, was will man da noch mit Vernunftgründen auftreten. Hier wird ganz und gar der Mensch im Menschen aufgehoben. Es muss der allgemeingültige Grundsatz gelten, dass der Nutzen jedes Einzelnen und der ganzen Menschheit ein und derselbe ist. Aus dem Naturgesetz folgt, dass der eine für den anderen sorgen soll, schon aus dem Grunde, da er Mensch ist. Der Nutzen aller ist allem gemeinsam. Durch ein und dasselbe Naturgesetz werden die Menschen zusammengehalten.

28. Einige sagen, dass sie ihren Vater oder ihren Bruder nichts um des eigenen Vorteils willen etwas entziehen würden. Ein anderes Verhältnis finden sie aber in der Beziehung auf die übrigen Mitbürger. Sie sind der Meinung, dass sie ihnen gegenüber für den allgemeinen Nutzen keine Verpflichtung hätten.

30. Ein Grundsatz, der alle bürgerlichen Gesellschaften Zerreißen muss. Wer sagt, dass man auf seine Mitbürger Rücksicht nehmen müsse und auf die Auswärtigen aber nicht, der trennt die gemeinsame Gesellschaft des Menschen.

31. Entzieht man einem unnützen Menschen etwas um des eigenen Vorteils willen, so handelt man unmenschlich und gegen das Naturgesetz. Bist du aber jemand, der dem Staate und der menschlichen Gesellschaft einen wesentlichen Nutzen verschafft, dann gibt es keinen Tadel, wenn man seinen Nebenmenschen etwas entzieht. Frage war: Dich quält der Hunger und du nimmst einen anderen das Essen weg oder du frierst und entziehst dem anderen die Kleidung. Man darf den allgemeinen Nutzen nicht aufgeben.

32. Mit einem Zwingherren Leben wir in keiner Gemeinschaft, sondern in einem Zerwürfnis. Diese ganze Unheil bringende und verbrecherische Rotte müsste aus der menschlichen Gesellschaft fortgejagt werden.

36. Nicht redliche Menschen ergreifen etwas, sobald es ihnen nützlich erscheint und dieses sofort vom sittlich guten trennen. Hieraus geht Diebstahl, Veruntreuung von Geldern, Begierde nach allzu großen Einfluss und Macht hervor. Sie sehen nur die Vorteile der Dinge in ihren trügerischen Vorstellungen.

37. Weg mit dieser ruchlosen Brut von Menschen welche überlegen sittenlos zu handeln. Schon solche Überlegungen sind eine Schandtat. Wir müssen der Überzeugung sein, dass wir uns keiner Handlung der Habsucht, der Ungerechtigkeit, der Willkür und der Unenthaltsamkeit erlauben dürfen.

39. Die Frage ist, würde man im Falle der Straflosigkeit etwas tun, was einem einen Vorteil verschafft. Wenn ja, bekennt man sich zum Verbrecher.

42. Jeder soll auf seinen Vorteil bedacht sein, soweit es ohne Beeinträchtigung unserer Mitmenschen möglich ist. Ein positives Beispiel ist der Sport. Gekämpft wird fair, ohne den anderen ein Bein zu stellen.

43. Die anscheinend nützlichen Dinge wie Ehrenstellen, Reichtum, sinnliche Genüsse und dergleichen dürfen nie einer Freundschaft vorgezogen werden.

46. Wird in einer Freundschaft das Nützliche mit dem sittlich Guten verglichen, so muss die Sittlichkeit siegen. Gibt es Forderungen in einer solchen, die gegen die Sittlichkeit verstößt, dann soll die

Gewissenhaftigkeit und Rechtschaffenheit einer Freundschaft vorgezogen werden.

83. Die Sittlichkeit muss die Richtschnur sein, nach denen wir den Nutzen bestimmen.

116. Der vierte Teil des sittlich Guten umfasst den Anstand, die Mäßigung, die Maßhaltung, die Enthaltsamkeit und die Selbstbeherrschung.

117. Die Selbstbeherrschung ist die Feindin der Lüste, die Lüste wiederum sind die eifrigsten Freundinnen der Sinneslust.

118. Das Ausleben der Sinnesgenüsse ist eine elende Knechtschaft der Tugend. Wer dem verfallen ist, versucht mit allen Möglichkeiten die drei Tugenden Klugheit, Tapferkeit und Selbstbeherrschung so geschickt wie möglich zu drehen und zu wenden. Die Klugheit führen sie als Wissenschaft ein, welche die Sinnesgenüsse verschaffen würde. Bei der Tapferkeit lehren sie, dass sie ein Mittel sei, um den Tod zu verachten und die Schmerzen erträglicher macht. Bei der Selbstbeherrschung behaupten sie, dass die Größe des Vergnügens durch die Entfernung des Schmerzes bestimmt wird. Die Gerechtigkeit und alle anderen Tugenden, welche in der Gemeinschaft und Gesellschaft der Menschen hervortreten, liegt bei diesen Leuten am Boden. Güte, Freigebigkeit, Freundlichkeit und Freundschaft können nicht bestehen, wenn sie nicht der Gegenstand unseres Strebens sind, sondern nur auf das sinnliche Vergnügen und den äußeren Vorteil bezogen werden.

119. So wie es keinen Nutzen gibt, welcher der Sittlichkeit entgegensteht, so steht das ganze sinnliche Vergnügen der Sittlichkeit entgegen.

120. Auch wenn man dem sinnlichen Vergnügen, was dem Leben eine gewisse Würze gibt, einen bestimmten Wert einräumen will, einen wahren Nutzen hat es mit Sicherheit nicht.